Herausgegeben von **mixtipp** Antje Watermann

Philipp Beckmann

lasst uns GRILLEN

Kochen mit dem Thermomix®

LEMPERTZ

IMPRESSUM

Math. Lempertz GmbH
Hauptstraße 354
53639 Königswinter
Tel.: 02223 / 90 00 36
Fax: 02223 / 90 00 38
info@edition-lempertz.de
www.edition-lempertz.de

www.facebook.com/MIXtippRezepte

Titelbild: Fotolia
Lektorat: Philipp Gierenstein, Laura Liebeskind
Layout/Satz: Christine Mertens
Gesamtherstellung: CPI

ISBN: 978-3-96058-089-8

Fotos: © fotolia: Barbara Pheby, beornbjorn, Bernd Jürgens, Brent Hofacker, Brigitte Bonaposta, BS, B. Wylezich, Christian Jung, Christian Fischer, cobraphoto, cromary, Cyhel, Dani Vincek, Dar1930, dederer, diamant24, dolphy_tv, Doris Heinrichs, emuck, E. Schittenhelm, exclusive-design, famveldman, fineart-collection, Foodlovers, food pictures studio, Food-Xperts_MG, gkrphoto, HandmadePictures, hansgeel, Heike Rau, highwaystarz, HLPhoto, istetiana, Joerg Beuge, Joshua Resnick, Kzenon, koss13, L.Bouvier, Lilyana Vynogradova, lidante, Lucky Dragon, maho, Maksim Shebeko, mikerenger, mpessaris, M.studio, mythja, Natalia Lisovskaya, olyina, Ondrej Hajek, photocrew, Printemps, pilipphoto, rainbow33, scerpica, Schwoab, shaiith, Silvia Bogdanski, Stefan Körber, Stephanie Frey, Thomas Francois, tina7si, tycoon101, UMA, Vankad, Val Thoermer, victoria p., wsf-f, yuliyatrukhan

INHALT

KRÄUTERBUTTER

GRILLEN

BEILAGEN

DESSERTS

POOL

Harrods

Unsere Sommer-Grillparty vom MIXtipp-Team!

Endlich Sommer! Und mit den Temperaturen steigt beim Team MIXtipp auch die Lust zum Grillen!

Also haben wir den Grill angeheizt, den Thermomix angeworfen und uns ans Werk gemacht! Mit unserem Grillexperten Philipp „Grill-Phil" Beckmann konnten wir so in Rekordzeit nicht nur das tolle Wetter, sondern auch die besten und abwechslungsreichsten Grillrezepte genießen: Seine marinierten Lachsspieße und die ganz speziellen MIXtipp-Ribs haben uns so begeistert, dass wir sie euch in diesem Buch unbedingt vorstellen wollen.

Dafür, dass Steaks und Koteletts besonders gut schmecken, hat unser Mann am Grill auch mit seinen speziellen Saucen und Marinaden gesorgt – mit Grill-Phils Grillteufelsauce, Chimichurri und Curry spezial hat das Grillfleisch erst recht saftigen Biss bekommen.

Das Team MIXtipp hat mit Begeisterung neue leckere Salate und Beilagen beigesteuert: Vom klassischen Nudelsalat und Stockbrot über die deftige Zwiebel-Focaccia bis zur pikanten Avocado mexicano war alles dabei, was den Grillspaß perfekt gemacht hat. Und mit dem Thermomix, der für uns die Arbeit an Marinaden, Saucen und Gemüsemischungen übernommen hat, konnten wir noch mehr Zeit am Grill und in der Sonne genießen.

Den Spaß, den wir bei unserer Grillparty hatten, möchten wir gerne an dich weitergeben und wünschen dir beim Grillen und Zubereiten viel Freude! Wir haben alles, was man für ein richtig gutes Barbecue braucht, du brauchst nur noch das gute Wetter abzuwarten!

Antje Watermann

Herausgeberin, Edition Lempertz

Grill-Phils Grillparty-Gebote

***Braten in Wärmestrahlung* – so lässt sich „Grillen" laut Wikipedia definieren. Doch natürlich ist Grillen viel mehr. Grillen bedeutet Lagerfeuer, lange Nächte, ein Hauch von Wildnis und Abenteuer. Grillen, das ist Partyfeeling und Freizeitspaß, Konversation und Gemeinsamkeit. Grillen ist echter, unverfälschter Genuss. Und was ist der Sommer, wenn nicht die Jahreszeit der Grillpartys?**

***Dos and Don'ts* beim Grillen gibt's wie Sand am Meer. Was du hier findest, sind grundsätzliche Regeln, die dir bei Planung, Vorbereitung und Durchführung deiner Grillparty das Leben leichter machen.**

Grillen muss nicht immer Fleisch, Fisch und Schaschlikspieße sein. Sei kein Spießer, riskier mal was! Du kannst fast alles auf den Grill schmeißen: Ananas, Schafskäse, Avocado – der Fantasie sind keine Grenzen gesetzt.

Die Wetterprognose fällt düster aus? Keine Panik, auch bei Regen kann die Grillparty ein phänomenaler Erfolg werden. Sieh zu, dass entsprechende Überdachung gewährleistet ist und brutzel munter drauflos! Beim Grillen wird euch schon warm.

Klar, dass du dir beim Braten und Wenden ungern von anderen dazwischenreden lässt. Aber hab keine Bedenken dabei, andere bei der Party-Orga mithelfen zu lassen. Delegier ein paar Aufgaben ruhig an die Gäste; die meisten werden es gerne tun. Eine Grillparty lebt schließlich vom geselligen Miteinander – und du hast so mehr Zeit fürs Brutzeln am Grill!

4

Dass während des Grillens das Grillgut mehrmals gewendet werden muss, dürfte klar sein. Der Hang, dafür einfach die nächstgelegene Gabel zu missbrauchen, liegt nahe – aber benutz besser eine ordentliche Grillzange. Sonst tritt am Ende wertvoller Saft aus deinem Grillgut aus!

5

Wenn du auf dem Rost grillst, öl ihn vor dem Grillen leicht mit hitzestabilem Rapsöl oder Sonnenblumenöl ein. Alternativ kannst du auch mit einer Speckschwarte über den Rost reiben.

6

Wann ist der Grill endlich heiß genug? Tipp, falls du Grillkohle verwendest: Wenn du weiße Asche siehst, ist die richtige Temperatur erreicht.

7

Wie lange muss das Grillgut braten? Eine Faustregel besagt: Dünnere Fleischstücke grillt man etwa 2 Minuten von beiden Seiten, bis die gewünschte Farbe erreicht ist. Fingerdicke Fleischstücke grillst du ca. 4 Minuten von jeder Seite, dicke Rindersteaks ungefähr 8 Minuten.

8

Direkt oder indirekt? Kurzgebratenes wie Steaks, Koteletts, Burger oder Fisch grillst du am besten bei direkter Hitze, größere Stücke wie Braten oder ganze Hähnchen bei indirekter Hitze. So wird das Fleisch auch innen gut gar, ohne dass es außen verbrennt.

9

Finale Tests, die dir sagen, ob der gewünschte Garzustand erreicht ist:

- Für Fleisch und für gegrillte Fischscheiben wendest du am besten die Löffeldruck-Methode an. Hierbei drückst du mit der Rundung des Löffels mitten auf das gegarte Fleischstück: Gibt es nicht mehr nach, ist es durchgegart; federt es leicht, hat es noch einen rosa Kern; federt es stark, ist es innen noch blutig roh.
- Ganzes Geflügel ist gar, wenn bei deinem Löffeldruck auf die Keule das Fleisch nicht mehr nachgibt – oder wenn beim Einstechen mit einer Nadel klarer Saft herausläuft.
- Ein ganzer Fisch ist gar, wenn du die Rückenflosse leicht herausziehen kannst.

10

Stell das Fleisch nach dem Grillen in Alufolie oder in einem verschließbaren Gefäß an die Seite des Grills und lass es ein wenig ruhen. Jetzt ist auch der richtige Zeitpunkt gekommen, um die Fleischstücke zu würzen!

TIPPS FÜR DIE NUTZUNG DEINES THERMOMIX

- Schichten will gelernt sein: Achte beim Garen von Gemüse immer darauf, dass nicht alle Löcher im Varoma bedeckt sind; das Gemüse muss so geschichtet werden, dass der Dampf gut zirkulieren kann.
- Wenn Gemüse mit längerer Garzeit (Karotten, Paprika etc.) zusammen mit Kartoffeln zubereitet wird, dann gib das Gemüse in den Garaufsatz und die Kartoffeln in den Varoma.
- Zerkleinern von Fleisch und Fisch gelingt besser, wenn du sie vor dem Hacken in Stücke schneidest und dann für ca. zwei Stunden einfrierst; Kräuter tupfst du vor dem Hacken am besten mit etwas Küchenpapier trocken.
- Vorsicht: Gelangen Eiweiß oder Stärke in die Garflüssigkeit, kann sie leicht überkochen! Lass Fleisch oder Fisch daher immer auf feuchtem Backpapier garen, dann tropft kein Eiweiß in das Wasser im Mixtopf; beim Reis-Kochen spülst du den Reis am besten vorher gründlich im Gareinsatz ab oder gibst einen TL Öl in die Flüssigkeit
- Gib Fleisch, das zügig gart, und Fisch erst eine Viertelstunde vor dem Ende der Garzeit in den Varoma; soll das Fleisch einen Röstgeschmack haben, brate es kurz vor dem Dampfgaren in der Pfanne an.
- Wenn du Hähnchenfleisch nur im Dampfgarer garst, bestäub es vorher mit Paprikapulver – dann hat es eine schönere Farbe.

MAYONNAISE

Zutaten

1 Ei (Zimmertemperatur)
15 g Zitronensaft
½ TL Salz
1 Prise weißer Pfeffer
250 g Öl

1. Gib das Ei zusammen mit dem Zitronensaft, Salz und Pfeffer in den Mixtopf und vermische es 10 Sekunden/ Stufe 3.

2. Stelle den Thermomix auf Stufe 4 und lasse das Öl langsam über den geschlossenen Deckel in den Mixtopf laufen, indem du den Messbecher aufsetzt und das Öl auf den äußeren Rand gießt.

mixtipp

Achte darauf, dass du weißen Pfeffer verwendest, mit schwarzem Pfeffer sieht die Mayonnaise schnell verschmutzt aus.

SALATE & DRESSINGS

4 Portionen

10 Min.

leicht

GURKENSALAT

Zubereitungszeit: 10 Minuten
Zutaten für 4 Portionen

- 1 Gurke, in Scheiben
- 5 g Dill
- 5 g Schnittlauch
- 1 Knoblauchzehe
- 1 Zwiebel, halbiert
- 50 g Milch
- 20 g Joghurt
- 10 g Aceto Balsamico, weiß
- 10 g Senf
- Salz nach Belieben
- Pfeffer nach Belieben
- Zucker nach Belieben

1. Zuerst wäschst du die Gurke, schälst sie und schneidest sie in feine Scheiben. Dann stellst du sie in einer Schüssel beiseite.

2. Nun zerkleinerst du Dill, Schnittlauch, Knoblauch und die Zwiebel 5 Sekunden/ Stufe 5.

3. Gib anschließend die übrigen Zutaten und Gewürze zu der Kräuter-Zwiebel-Mischung in den Mixtopf und vermische alles 4 Sekunden/ Stufe 5.

4. Nun gibst du die Salatsauce über die Gurkenscheiben und rührst sie unter.

3 Portionen

10 Min.

leicht

BYZANTINISCHER WALNUSSSALAT

Zutaten für 3 Portionen
Zubereitungszeit: 10 Minuten

150 g Feldsalat
60 g Walnusskerne
40 g Walnussöl
20 g Orangensaft
20 g Granatapfelsirup
20 g Senf
Salz nach Belieben
2 Prisen Pfeffer

1. Als Erstes wäschst du den Salat, schleuderst ihn und stellst ihn dann in einer Schüssel beiseite.

2. Dann zerkleinerst du die Walnüsse im Mixtopf 3 Sekunden/ Stufe 5.

3. Nun gießt du das Öl und den Orangensaft auf die Walnussstücke. Anschließend kannst du den Granatapfelsirup und den Senf dazugeben und die Mischung salzen und pfeffern. Verrühre die Sauce 10 Sekunden/ Linkslauf/ Stufe 3.

4. Richte den Salat jetzt mit der Sauce an und hebe sie gut unter, damit sie sich gleichmäßig verteilt.

mixtipp
Schmeckt auch mit Haselnüssen. Röste sie dafür aber vorher kurz an.

5 Portionen

35 Min.

leicht

NUDELSALAT

Zubereitungszeit: 35 Minuten
Zutaten für 5 Portionen

- 250 g Nudeln
- 20 g Rapsöl
- 700 g Wasser
- 3 hartgekochte Eier
- 200 g Gurke, in Stücken
- 1 Tomate, halbiert
- 200 g Käse (z.B. Emmentaler), in Stücken
- 200 g gekochter Schinken
- 5 g Schnittlauch
- 150 g Mais
- 200 g Miracel Whip
- 100 g Joghurt
- 10 g mittelscharfer Senf
- 20 g Balsamicoessig
- Pfeffer nach Belieben
- Salz nach Belieben

1. Als Erstes kochst du die Nudeln. Dazu gibst du einen Schuss Rapsöl, 700 g Wasser und Salz in den Mixtopf und kochst die Mischung 7 Minuten/ 100°C/ Stufe 1 auf. Gib die Nudeln dazu und lass sie bei 100°C/ Linkslauf/ Stufe 1 kochen. Bei der Zeiteinstellung achtest du dabei auf die Angaben der Packungsanleitung. In der Zwischenzeit kochst du die Eier in einem Topf auf dem Herd. Nach dem Kochen siebst du die Nudeln ab und stellst sie, genauso wie die hartgekochten Eier, zum Abkühlen beiseite.

2. Nun schneidest du die Gurke in grobe Stücke und halbierst die Tomate. Dann gibst du Käse und Schinken mit den Gurken- und Tomatenstücken und dem Schnittlauch in den Mixtopf und zerkleinerst alles 5 Sekunden/ Stufe 5.

3. Danach fügst du den Mais und die übrigen Zutaten hinzu und vermischst alles 10 Sekunden/ Linkslauf/ Stufe 3. Anschließend füllst du die Salatmischung in eine Schüssel um.

4. Gib jetzt die hartgekochten Eier in den Mixtopf und zerkleinere sie 3 Sekunden/ Stufe 3.

5. Zum Schluss gibst du die abgekühlten Nudeln auf die Salatmischung in der Schüssel, fügst die Eierstückchen hinzu und verrührst alles, bis alle Zutaten gleichmäßig über den Salat verteilt sind.

mixtipp
Wer es noch fruchtiger mag, gibt noch 100 g Pfirsiche (Dose) dazu.

4 Portionen

1h 15 Min.

leicht

KENTUCKY COLESLAW

Zubereitungszeit: 15 Minuten
Ziehzeit: mindestens 1 Stunde
Zutaten für 4 Portionen

- 300 g Weißkohl, in Stücken
- 40 g Agavendicksaft
- 50 g Möhren, in Stücken
- 1 Zwiebel, halbiert
- 50 g Mayonnaise, Rezept siehe S. 11
- 80 g Buttermilch
- 10 g Weißweinessig
- 10 g Zitronensaft
- 50 g Schmand
- Salz nach Belieben
- Pfeffer nach Belieben

1. Zuerst zerkleinerst du die Hälfte des Kohls 4 Sekunden/ Stufe 5. Dann gibst du ihn in eine Schüssel und zerkleinerst den Rest des Kohls auf dieselbe Weise.

2. Nun gibst du den Agavendicksaft darauf, vermengst alles gut und lässt die Mischung mindestens eine Stunde ziehen. Am besten rührst du den Kohl dabei gelegentlich um.

3. In der Zwischenzeit kannst du die Möhren und die Zwiebel schälen und zerkleinerst sie dann ebenfalls 8 Sekunden/ Stufe 5. Danach gibst du sie zu dem Kohl und durchmengst den Kohlsalat gut.

4. Setz nun den Schmetterling in den Mixtopf und verrühre Mayonnaise, Buttermilch, Essig, Zitronensaft und Schmand mit Salz und Pfeffer gewürzt 10 Sekunden/ Stufe 4 zu einem Dressing.

5. Gib das Dressing abschließend über den Salat und vermisch alles miteinander.

WASABI-ZITRONEN-AVOCADO-ÖL

Zubereitungszeit: 5 Minuten
Zutaten für 1 Salat

- 15 g Wasabipaste
- 15 g Zucker
- Salz nach Belieben
- 30 g Zitronen- oder Limettensaft
- 90 g Avocado-Öl

1. Für dieses würzig-köstliche Dressing füllst du zuerst die Wasabipaste, den Zucker, das Salz und den Zitronen- oder Limettensaft in den Mixtopf, vermischst sie 15 Sekunden/ Stufe 5 und schiebst anschließend alles mit dem Spatel nach unten.

2. Als Nächstes gibst du über den geschlossenen Mixtopfdeckel nach und nach das Öl dazu, während du das Dressing noch einmal 2 Minuten/ Stufe 3 vermischst.

3. Zum Schluss schmeckst du das Öl ab und gibst ganz nach deinem Geschmack noch etwas von den Gewürzen dazu.

SALATSAUCE

Zubereitungszeit: 5 Minuten
Zutaten für 1 Flasche

- 5 g Kresse
- 5 g Schnittlauch
- 5 g Petersilie, glatt
- 100 g Rapsöl
- 100 g Weißweinessig
- 150 g Wasser
- 100 g saure Sahne
- 50 g Schmand
- 5 g Senf
- Salz nach Belieben
- Pfeffer, weiß, nach Belieben

1. Zuerst gibst du die Kräuter in den Mixtopf und zerkleinerst sie 5 Sekunden/ Stufe 8.

2. Dann fügst du Öl, Essig, Wasser, saure Sahne, Schmand und Senf hinzu, salzt und pfefferst die Mischung und verrührst die Sauce 30 Sekunden/ Stufe 5.

3. Nun kannst du den Salat mit der Sauce anrichten. Du kannst sie auch in einem geschlossenen Behälter oder einer Flasche bis zu 14 Tage im Kühlschrank verwahren.

KOKOS-CHILI-DRESSING

Zubereitungszeit: 5 Minuten
Zutaten für 1 Salat

- 1 rote Chili
- ½ Bio-Limette
- 125 g Kokosmilch
- 10 g Thai Fischsauce
- 1 TL geriebene Ingwerwurzel
- 25 g Honig
- 5 g Erdnussöl
- Pfeffer nch Belieben

1. Als Erstes wäschst du die Chilischote, entkernst sie und gibst sie in den Mixtopf. Zerkleinere die Schote 4 Sekunden/ Stufe 5 und schiebe die Reste mit dem Spatel nach unten. Wenn nicht alles zerkleinert ist, wiederhole gegebenenfalls den ersten Schritt noch einmal.

2. Nun wäschst du die Limette gründlich, reibst die Schale ab und presst den Saft aus. Gib Schale und Saft in den Mixtopf.

3. Nun kannst du alle Zutaten im Mixtopf 15 Sekunden/ Stufe 5 vermischen.

BALSAMICO-SALATDRESSING

Zubereitungszeit: 5 Minuten
Zutaten für 1 Flasche

- 50 g Balsamicoessig
- 25 g Senf
- 15 g Rohrzucker
- Salz nach Belieben
- Pfeffer nach Belieben
- 200 g Olivenöl

1. Als Erstes gibst du Essig, Senf, Rohrzucker, Salz und Pfeffer in den Mixtopf und vermischst alles 15 Sekunden/ Stufe 5.

2. Nun gießt du das Öl dazu und verrührst das Dressing 30 Sekunden/ Stufe 4.

3. Du kannst das fertige Dressing je nach Geschmack mit Salz und Pfeffer nachwürzen.

SAUCEN
&
MARINADEN

 4 Portionen |  10 Min. |  leicht

SWEET ONION-APRICOT-SAUCE

Zubereitungszeit: 10 Minuten
Zutaten für 4 Portionen

- 5 Zwiebeln, halbiert
- 30 g Rapsöl
- 5 g Cayennepfeffer
- 10 g Curry
- 50 g Orangensaft
- 200 g Weißweinessig
- 30 g Aprikosenmarmelade
- 10 g süßer Senf
- Salz nach Belieben
- Pfeffer nach Belieben

1. Beginne damit, dass du die Zwiebeln schälst und halbierst. Zerkleinere sie nun im Mixtopf 5 Sekunden/ Stufe 5. Schieb sie anschließend mit dem Spatel auf den Boden des Mixtopfs, gieß das Öl dazu und gare die Zwiebelstückchen 3 Minuten/ Varoma/ Stufe 1.

2. Gib nun Cayennepfeffer und Curry auf die Zwiebelstückchen und dünste die Mischung noch einmal 1 Minute/ Varoma / Stufe 1.

3. Als Nächstes gießt du Orangensaft und Essig dazu und ergänzt die Marmelade und den Senf. Dann kannst du die Sauce 10 Sekunden/ Stufe 5 vermischen.

4. Zum Schluss salzt und pfefferst du die Mischung ganz nach deinem Geschmack und vermischst sie erneut 10 Sekunden/ Stufe 5.

 1 Flasche |  5 Min. |  leicht

GRILL-PHILS GRILLTEUFEL-SAUCE

Zubereitungszeit: 5 Minuten
Zutaten für 1 Flasche

- 2 Knoblauchzehen
- 5 g Gemüsebrühe, gekörnt
- 50 g Rapsöl
- 50 g Honig
- 50 g Tomatenmark
- 75 g Ketchup
- 20 g Senf
- 5 g italienische Kräutermischung
- 5 g Paprika, scharf
- 5 g Zimt

1. Als Erstes schälst du den Knoblauch und zerkleinerst ihn dann im Mixtopf 5 Sekunden/ Stufe 5. Anschließend schiebst du die Knoblauchstückchen mit dem Spatel auf den Boden des Mixtopfs.

2. Nun gibst du Gemüsebrühe und Öl in den Mixtopf und fügst Honig, Tomatenmark, Ketchup und Senf hinzu. Verrühre die Mischung 15 Sekunden/Stufe 4.

3. Zum Schluss würzt du die Grillteufelsauce noch mit den Kräutern, Paprika und Zimt und vermischst sie dann noch einmal 30 Sekunden/ Stufe 4.

mixtipp

Schmeckt auch sehr gut im Winter zu Fondue.

2 Gläser

20 Min.

leicht

MANGO-INGWER-SENF

Zubereitungszeit: 20 Minuten
Zutaten für 2 Gläser

- 50 g Senfkörner
- 2 cm Ingwerwurzel
- 200 g Mango, in Stücken
- 100 g Honig
- 50 g mittelscharfer Senf
- 20 g Apfelessig
- Salz nach Belieben
- 5 g Kurkuma

1. Zuerst zermahlst du die Senfkörner 1 Minute/ Stufe 10 im Mixtopf und stellst sie dann in einer kleinen Schüssel beiseite.

2. Dann schälst du den Ingwer und zerkleinerst ihn 7 Sekunden/ Stufe 7 im Mixtopf. Gib danach die Mangostücke in den Mixtopf, gieß den Honig dazu und gare die Mischung 5 Minuten/ 100°C/ Stufe 2. Dann lässt du die Mango-Ingwer-Mischung etwas abkühlen.

3. Nun kannst du die gemahlenen Senfkörner, Senf, Essig und die Gewürze auf das Ingwer-Mango-Gemisch geben und dann alles 5 Minuten/ 80°C/ Stufe 2 kochen lassen.

4. Nach dem Kochen füllst du den Mango-Ingwer-Senf in sterilisierte Marmeladengläser und lässt ihn 2 Wochen im Kühlschrank ziehen.

4 Gläser

40 Min.

leicht

APFEL-GEWÜRZ-KETCHUP

Zutaten für 4 Gläser
Zubereitungszeit: 40 Minuten

- 200 g Äpfel, in Vierteln
- 500 g Tomaten, in Vierteln
- 100 g Zwiebeln, halbiert
- 30 g Apfelessig
- 20 g Honig
- 2 Gewürznelken
- 1 Lorbeerblatt
- 30 g Tomatenmark
- Salz nach Belieben
- Pfeffer nach Belieben
- Paprika, edelsüß, nach Belieben

1. Zuerst wäschst und schälst du die Äpfel, die Tomaten und die Zwiebeln und schneidest sie in Stücke. Dann zerkleinerst du sie im Mixtopf 5 Sekunden/ Stufe 5.

2. Nun gibst du den Apfelessig und den Honig mit dem Lorbeer und den Gewürznelken dazu und kochst die Mischung anschließend 30 Minuten/ 60°C/ Stufe 1.

3. Jetzt kannst du Lorbeer und Nelken wieder herausnehmen und das Tomatenmark hinzufügen. Setz den Messbecher ein und püriere den Ketchup 30 Sekunden/ Stufe 10.

4. Nun würzt du den Ketchup nach deinem Geschmack, verrührst ihn noch einmal mit eingesetztem Messbecher 10 Sekunden/ Stufe 7 und füllst ihn dann in sterilisierte Gläser um.

mixtipp
Für köstlichen Pflaumensenf kannst du Mangos auch durch Pflaumen ersetzen.

GEWÜRZKETCHUP

Zubereitungszeit:
2 h 45 Minuten
Zutaten für 2 Flaschen

- 1 Zwiebel
- 2 Knoblauchzehen
- 1 Stück Ingwerknolle (2 cm)
- 20 g Öl
- 1 Zimtstange
- 1 Anisstern
- 5 Schoten Kardamom
- 2 Pimentkörner
- 2 Wacholderbeeren
- 5 g Kreuzkümmel
- 5 g Fenchelsamen
- 2 Gewürznelken
- 1 Chilischote
- Salz nach Belieben
- Pfeffer nach Belieben
- 10 g Senf
- 20 g Zucker
- 50 g Tomatenmark
- 5 Tomaten, in Stücken
- 2 rote Paprika, in Stücken
- 100 g Rotweinessig
- 100 g Gemüsebrühe
- 10 g Zitronensaft
- 10 g Honig

1. Als Erstes schälst du die Zwiebel, den Knoblauch und den Ingwer und zerkleinerst sie im Mixtopf 5 Sekunden/ Stufe 5. Dann gibst du das Öl und die Gewürze dazu und dünstest alles 3 Minuten/ Varoma/ Stufe 1.

2. Nun gibst du Senf, Zucker und Tomatenmark dazu und garst alles noch einmal 1 Minute/ Varoma/ Stufe 1.

3. Als Nächstes wäschst und schneidest du die Tomaten und die Paprika und gibst sie dann mit der Brühe und dem Essig in den Mixtopf. Dann lässt du die Ketchupmischung ca. 2,5 Stunden/ 90°C/ Stufe 2 kochen. Zwischendurch wirfst du am besten gelegentlich einen Blick in den Mixtopf, damit du Brühe nachfüllen kannst. So kocht der Ketchup nicht zu sehr ein.

4. Zum Schluss schmeckst du den Ketchup mit Gewürzen deiner Wahl und einem Schuss Zitronensaft und Honig ab und lässt die Mischung dann noch einmal 3 Minuten/ Varoma/ Stufe 1 aufkochen.

5. Vor dem Servieren streichst du den Ketchup durch ein Sieb und verwahrst ihn dann am besten in sterilisierten Flaschen oder Gläsern.

 1 Schälchen  5 Min.  leicht

KRESSE-DIP

Zubereitungszeit: 5 Minuten
Zutaten für 1 Schälchen

100 g Hüttenkäse
200 g Griechischer Joghurt (10%)
75 g Mayonnaise, Rezept siehe S. 11
15 g Feigensenf
Salz nach Belieben
weißer Pfeffer, nach Belieben auch schwarzer Pfeffer
1 Kästchen Kresse

1. Als Erstes gibst du Hüttenkäse, Joghurt, Mayonnaise, Senf und Gewürze in den Mixtopf und vermischst sie 10 Sekunden/ Stufe 5.

2. Nun schneidest du die Kresse ab und gibst sie zu der Dipmischung im Mixtopf. Zum Schluss vermischst du den Dip noch einmal 5 Sekunden/ Stufe 3.

 4 Portionen   5 Min.  leicht

BLUE CHEESE-SAUCE ZU CHICKEN WINGS

Zubereitungszeit: 5 Minuten
Zutaten für 4 Portionen

1 Knoblauchzehe
100 g Blauschimmelkäse, in Stücken
100 g Schmand
100 g Mayonnaise, Rezept siehe S. 11
10 g Weißweinessig
Salz nach Belieben
Pfeffer nach Belieben

1. Zuerst schälst du den Knoblauch und zerkleinerst ihn dann 5 Sekunden/ Stufe 5 im Mixtopf.

2. Nun füllst du den Blauschimmelkäse, den Schmand und die Mayonnaise hinzu und gießt den Weißweinessig an. Vermisch die Blue Cheese-Sauce 20 Sekunden/ Stufe 3, bis du eine cremige Mischung hast.

3. Zum Schluss salzt und pfefferst du die Sauce noch und verrührst sie noch einmal 10 Sekunden/ Stufe 3.

mixtipp
Passt auch sehr gut zu Roastbeef.
mixtipp
In Amerika isst man diese Sauce zu Chicken Wings. Sie eignet sich aber auch sehr gut als Dip für Gemüsestäbchen

1 Hähnchen

4h 5 Min.

leicht

GRILLHÄHNDEL-TRAUM

Zubereitungszeit für die Marinade: 5 Minuten
Ziehzeit: 3 Stunden
Grillzeit: 1 Stunde
Zutaten für 1 Hähnchen

- 2 Knoblauchzehen
- 1 Chilischote
- 1 Zweig Rosmarin
- 5 g getrockneter Thymian
- 5 g getrockneter Majoran
- 5 g Paprika, edelsüß
- Salz nach Belieben
- Pfeffer nach Belieben
- 20 g Rapsöl
- 20 g Tomatenmark
- 20 g dunkle Sojasauce
- 1 Grillhähnchen

mixtipp
Alternativ zum Grillaufsatz kannst du das Hähnchen auch auf eine halbvolle Bierdose stellen und dort eine Stunde grillen.

1. Als Erstes schälst du den Knoblauch. Dann schneidest du die Chilischote auf und entkernst sie. Gib beides in den Mixtopf, füge den Rosmarinzweig hinzu und zerkleinere alles 5 Sekunden/ Stufe 5.

2. Nun fügst du die Gewürze, das Öl, das Tomatenmark und die Sojasauce hinzu und vermischst alles 1 Minute/ Stufe 2 zu einer Marinade.

3. Bepinsele als Nächstes das gewaschene und trocken getupfte Hähnchen von außen und innen mit der Marinade und lass es drei Stunden im Kühlschrank ziehen.

4. Du grillst das Hähnchen am besten eine Stunde auf einem Hähnchenbrater. Die Kerntemperatur sollte 72°C betragen.

mixtipp

Geht am besten im abgedeckton Kugelgrill.

4 Portionen

5 Min.

leicht

ALTBIER-MARINADE

Zubereitungszeit: 5 Minuten
Zutaten für 4 Portionen

- 1 Vanilleschote
- 5 g Lebkuchengewürz
- 5 Korianderkörner
- 1 Gewürznelke
- 10 g schwarze Pfefferkörner
- 300 g Altbier
- 300 g Geflügelbrühe
- 10 g Orangensaft
- 10 g weißer Balsamicoessig
- 50 g Rapsöl
- 10 g Sojasauce
- 10 g Honig
- 50 g Tomatenmark

1. Als Erstes schneidest du die Vanilleschote längs auf und kratzt das Mark heraus. Dann zerkleinerst du das Vanillemark mit den übrigen Gewürzen im Mixtopf 10 Sekunden/ Stufe 9.

2. Nun gießt du das Altbier und die weiteren flüssigen Zutaten in den Mixtopf und fügst noch Honig und Tomatenmark hinzu. Anschließend verrührst du alles 15 Sekunden/ Stufe 4 zu einer glatten Marinade.

20 Garnelen

1h 15 Min.

leicht

KOKOS-BUBBA- GUMP-MARINADE

Zubereitungszeit: 15 Minuten
Ziehzeit: 1 Stunde
Zutaten für 20 Garnelen

- 2 Knoblauchzehen
- 2 rote Chilischoten
- 4 Stiele Koriandergrün
- 4 Stiele Thymian
- 400 g ungesüßte Kokosmilch
- 5 g abgeriebene Limettenschale
- 30 g Limettensaft
- 10 g Rohrzucker
- Salz und Pfeffer
- 20 Garnelen mit Kopf und Schale

1. Als Erstes gibst du die geschälten Knoblauchzehen, die entstielten Chilischoten (je nach gewünschtem Schärfegrad auch entkernt), Koriander und Thymian in den Mixtopf und zerkleinerst sie 5 Sekunden/ Stufe 5.

2. Gieß die Kokosmilch hinzu und erwärme sie 5 Minuten/ 60°C/ Stufe 2. Lass die Milch vor dem nächsten Schritt abkühlen, beachte dabei die Restwärmeanzeige.

3. Gib nun Limettenschale und Limettensaft, Zucker und Gewürze dazu und vermische die Marinade nochmals 5 Sekunden/ Stufe 5.

4. Schäl nun die Garnelen und entferne den Darm. Mariniere die Garnelen mindestens eine Stunde bei Zimmertemperatur.

5. Grill die nachgewürzten Garnelen auf dem heißen Grill je drei bis vier Minuten.

1 ganzes Hähnchen | 45 Min. | leicht

ALL-PURPOSE MARINADE FÜR BBQ

Zubereitungszeit: 5 Minuten
Grillzeit: 40 Minuten
Zutaten für 1 ganzes Hähnchen

- 70 g Meersalz
- 100 g Paprika, edelsüß
- 35 g Chili
- 30 g Knoblauchgranulat
- 10 g Oregano
- 20 g gemahlener schwarzer Pfeffer
- 10 g Senfkörner
- 10 g Rosmarin
- 10 g getrockneter Koriander
- 10 g Fenchel
- 5 g Harissa
- 30 g Sonnenblumenöl
- 1 ganzes Hähnchen oder Hähnchenteile

1. Als Erstes gibst du alle Gewürze in den Mixtopf und vermischst sie 10 Sekunden/ Stufe 5.

2. Nun gießt du das Öl zu der Gewürzmischung im Mixtopf und vermischst alles 6 Sekunden/ Stufe 5. Nach Bedarf kannst du etwas mehr Öl zugeben.

3. Zum Marinieren wäschst du die Hähnchenteile oder das Grillhähnchen ab und tupfst sie trocken. Wenn du ein Hähnchen marinieren willst, halbierst du es und reibst die Hälften mit der Marinade ein. Hähnchenteile marinierst du auf dieselbe Weise. Dann legst du das Fleisch bei indirekter Hitze auf den Grill, deckst es mit einem Deckel ab und grillst es für ca. 40 Minuten. Wende es in regelmäßigen Abständen, damit es gleichmäßig gar wird.

mixtipp

Für den Herren-Grillabend: Anstelle des Öls die Gewürzmischung mit Whiskey anrühren und das Fleisch damit bestreichen.

mixtipp

Zum Marinieren von Hähnchenteilen oder einem ganzen Grillhähnchen.

3 Portionen

10 Min.

leicht

CHIMICHURRI

Zubereitungszeit: 10 Minuten
Zutaten für 3 Portionen

- 2 Knoblauchzehen
- 1 rote Zwiebel, halbiert
- 3 Chilischoten
- 2 rote Paprika
- 2 grüne Paprika
- 1 Bund glatte Petersilie
- 20 g Oregano
- 20 g Kerbel
- 2 Lorbeerblätter
- 50 g Aceto Balsamico, weiß
- 100 g Rapsöl
- Salz nach Belieben
- Pfeffer nach Belieben

1. Zuerst schälst du die Knoblauchzehen und die Zwiebel. Entferne nun die Strünke von den Chili und den Paprikaschoten und zerschneide die Schoten in grobe Stücke.

2. Gib nun Knoblauch, Zwiebel, Chili, Paprika und Kräuter in den Mixtopf und zerkleinere sie 5 Sekunden/ Stufe 5.

3. Stell den Mixtopf anschließend auf 15 Sekunden/ Stufe 1-2 und gib das Öl und den Essig langsam dazu.

4. Die fertige Chimichurri-Sauce kannst du mit Salz und Pfeffer abschmecken.

4 Portionen

5 Min.

leicht

FRUCHTIGE GRILLSAUCE MIT ANANAS, CURRY UND KOKOS

Zubereitungszeit: 5 Minuten
Zutaten für 4 Portionen

- 5 g Thai Currypaste
- 5 g Sambal Olek
- 15 g Apfeldicksaft
- 100 g Rapsöl
- 30 g Rohrzucker
- 10 g Kokosmilch
- 80 g Ananas, in Stücken
- 20 g Kokosraspeln

1. Zuerst gibst du die Currypaste mit Sambal Olek, Apfeldicksaft, Öl, Rohrzucker und Kokosmilch in den Mixtopf und vermischst sie 5 Sekunden/ Stufe 5.

2. Dann gibst du die Ananasstücke und die Kokosraspeln dazu und vermischst die Sauce noch einmal 3 Sekunden/ Linkslauf/ Stufe 4.

3. Zum Schluss schmeckst du die Sauce ganz nach deinem Geschmack ab.

1 Glas

5 Min.

leicht

KNOBLAUCHSAUCE

Zubereitungszeit: 5 Minuten
Zutaten für 1 Glas

- 5 Knoblauchzehen
- 200 g Schmand
- 90 g Joghurt
- 15 g Mayonnaise, Rezept siehe S. 11
- 50 g Petersilie
- 50 g italienische Kräuter, TK
- Salz nach Belieben

1. Gib den geschälten Knoblauch in den Mixtopf und zerkleinere ihn 5 Sekunden/ Stufe 5. Schieb ihn anschließend mit dem Spatel auf den Boden des Mixtopfs.

2. Nun kannst du Schmand, Joghurt und Mayonnaise auf die Knoblauchstückchen geben und die Kräuter darüberstreuen. Dann salzt du die Mischung nach deinem Geschmack und vermischst alles 5 Sekunden/ Stufe 8, bis du eine cremige Sauce erhältst.

 1 Glas |  5 Min. |  leicht

ANDALUSISCHE GEWÜRZ-MISCHUNG

Zubereitungszeit: 5 Minuten
Zutaten für 1 Glas

- 4 rote Chilischoten, getrocknet
- 10 g Knoblauchflocken, getrocknet
- 10 g Zwiebelflocken, getrocknet
- 10 g Paprika, edelsüß
- 10 g Koriander
- Salz nach Belieben
- schwarze Pfefferkörner nach Belieben
- 10 g Kreuzkümmel
- 10 g Oregano
- 10 g Galgant
- 2 Stück Nelken
- 10 g Zitronenschalen
- 5 g Safran

1. Gib zuerst Chilischoten, Zwiebel- und Knoblauchflocken, Paprika, Koriander, Salz und Pfeffer in den Mixtopf und vermenge alles 30 Sekunden/ Stufe 10.

2. Schieb die Mischung dann mit dem Spatel auf den Boden des Mixtopfs.

3. Nun gibst du die restlichen Zutaten hinzu und vermischst alles weitere 30 Sekunden/ Stufe 10.

 1 Glas |  5 Min. |  leicht

GRILLGEWÜRZ MULTI-PURPOSE

Zubereitungszeit: 5 Minuten
Zutaten für 1 Glas

- 30 g Meersalz
- 30 g Paprika, edelsüß
- 30 g Rohrzucker
- schwarze Pfefferkörner nach Belieben
- 20 g Bohnenkraut
- 10 g Koriandersamen
- 5 g Anis
- 5 g Cayennepfeffer
- 5 g Zimt
- 5 g Muskatnuss
- 1 Lorbeerblatt
- 2 Sternanis

1. Zuerst gibst du die Gewürze nacheinander in den Mixtopf, setzt den Messbecher ein und zerkleinerst alles 15 Sekunden/ Stufe 10.

2. Überprüfe, ob alles fein zermahlen ist. Falls nicht, zerkleinere alles noch ein paar Sekunden weiter auf Stufe 10.

mixtipp
Für eine noch schönere Farbgebung kannst du noch 6 Fäden Safran dazugeben.

4 Flaschen

30 Min.

leicht

CURRY SPEZIAL-SAUCE

Zubereitungszeit: 30 Minuten
Zutaten für ca. 4 Flaschen

- 150 g Gewürzgurken, in Stücken
- 150 g Möhren, in Stücken
- 150 g Zwiebeln, in Stücken
- 50 g Rohrzucker
- 60 g Butter
- 20 g Curry
- 20 g Sambal Olek
- 1000 g passierte Tomaten
- 400 g Ketchup
- 50 g Tomatenmark
- 1 EL Fleischbrühepulver (Rinderbrühe)
- 10 g Sherry
- Salz nach Belieben

1. Als Erstes zerkleinerst du die Gürkchen im Mixtopf 5 Sekunden/ Stufe 5 und stellst sie dann in einer Schüssel beiseite.

2. Zerkleinere jetzt die Möhren und die Zwiebeln im Mixtopf 10 Sekunden/ Stufe 5. Schieb die Stückchen danach mit dem Spatel nach unten.

3. Nun kannst du Rohrzucker und Butter hinzufügen und lässt anschließend alles 3 Minuten/ 120°C/ Stufe 1, beim TM 31 3 Minuten/ Varoma/ Stufe 1 garen.

4. Als Nächstes fügst du die Gurkenstücke, Curry, Sambal Olek,Tomatenpüree, Ketchup und Tomatenmark hinzu. Gib dann noch Fleischbrühe und Sherry in den Mixtopf und salze die Mischung. Dann verrührst du sie 5 Sekunden/ Linkslauf/ Stufe 2.

5. Nun kannst du die Sauce 15 Minuten/ 100°C/ Linkslauf/ Stufe 4 kochen. Anschließend füllst du die Currysauce in sterilisierte Flaschen ab.

KRÄUTERBUTTER

4 Portionen

5 Min.

leicht

KRÄUTERBUTTER „CAFÉ DE PARIS"

Zubereitungszeit: 5 Minuten
Zutaten für 4 Portionen

- 1 Sardelle
- 5 g glatte Petersilie
- 5 g Thymian
- 5 g Majoran
- 125 g Butter
- 2 cl Cognac
- 5 g Worcerstershire-Sauce
- 5 g Dijonsenf
- 5 g Paprika, edelsüß
- Weißer Pfeffer nach Belieben
- 5 Kapern

1. Als Erstes zerkleinerst du die Sardelle mit den Kräutern im Mixtopf 5 Sekunden/ Stufe 7. Dann fügst du die Butter hinzu und vermengst alles 10 Sekunden/ Stufe 3.

2. Nun schiebst du die Mischung mit dem Spatel nach unten.

3. Anschließend gibst du Cognac, Worcestershire-Sauce, Senf, Paprikapulver, Pfeffer und Kapern in den Mixtopf und verrührst die Kräuterbutter 30 Sekunden/ Stufe 3. Danach kannst du sie in Schüsselchen umfüllen und vor dem Servieren noch für eine Stunde kaltstellen.

8 Portionen

5 Min.

leicht

RUPFENBUTTER

Zubereitungszeit: 5 Minuten
Zutaten für 8 Portionen

- 1 Bund Schnittlauch
- 2 Knoblauchzehen
- 200 g Butter
- 200 g Kräuterfrischkäse
- 200 g Frischkäse
- Salz nach Belieben
- Pfeffer nach Belieben

1. Zuerst schälst du den Knoblauch und zerkleinerst ihn gemeinsam mit dem Schnittlauch 5 Sekunden/ Stufe 5 im Mixtopf.

2. Gib dann die Butter dazu und erwärme alles im Mixtopf 90 Sekunden/ 60°C/ Stufe 3.

3. Gib zum Schluss den Frischkäse in den Mixtopf, würze die Mischung mit Salz und Pfeffer und vermische alles 15 Sekunden/ Stufe 4.

CRANBERRY-ORANGEN-KRÄUTERBUTTER

- 40 g Cranberries, tiefgekühlt
- 125 g Butter, weich, in Stücken
- 5 g abgeriebene Orangenschale

1. Als Erstes zerkleinerst du die Cranberries im Mixtopf 5 Sekunden/ Stufe 5.

2. Dann fügst du die Butter und die Orangenschale hinzu und vermengst alles 10 Sekunden/ Stufe 3. Schieb die Mischung mit dem Spatel nach unten.

3. Anschließend verrührst du die Kräuterbutter 30 Sekunden/ Stufe 3. Danach kannst du sie in Schüsselchen umfüllen oder in Frischhaltefolie zu einer Rolle wickeln. Stell sie vor dem Servieren eine Stunde im Kühlschrank kalt.

KRÄUTERBUTTER „1001 NACHT"

- 1 Bio-Zitrone
- 125 g Butter, weich, in Stücken
- 5 g Kreuzkümmel
- 5 g Zimt
- 10 g Kardamom
- 5 g Cayennepfeffer

1. Als Erstes wäschst du die Zitrone und reibst die Schale ab. Gib sie mit der Butter in den Mixtopf und vermisch sie 10 Sekunden/ Stufe 3. Schieb die Mischung mit dem Spatel nach unten.

2. Anschließend gibst du die Gewürze dazu und verrührst die Kräuterbutter 30 Sekunden/ Stufe 3. Danach füllst du sie zum Servieren in Schüsselchen um oder wickelst sie in Frischhaltefolie zu einer Rolle. Stell sie vor dem Servieren eine Stunde im Kühlschrank kalt.

MEDITERRANE THYMIAN-SCHALOTTEN-KRÄUTER-BUTTER

10 g Schalotten, in Stücken
2 EL Thymian
125 g Butter, weich, in Stücken

1. Als Erstes zerkleinerst du die Schalotten im Mixtopf 5 Sekunden/ Stufe 5.

2. Dann fügst du die Butter und den Thymian hinzu und vermengst alles 10 Sekunden/ Stufe 3.

3. Nun schiebst du die Mischung mit dem Spatel nach unten.

4. Anschließend verrührst du die Kräuterbutter 30 Sekunden/ Stufe 3. Füll sie in kleine Schüsseln oder wickele sie in Frischhaltefolie und stell sie dann vor dem Servieren noch eine Stunde im Kühlschrank kalt.

mixtipp

Schmeckt besonders gut zu italienischen Gerichten!

KRÄUTER-BUTTER „SMOKY BARBECUE"

1 EL Chipotle-Schoten
50 g Honig
125 g Butter, weich, in Stücken

1. Zerkleinere zuerst die Chipotle-Schoten im Mixtopf 5 Sekunden/ Stufe 5.

2. Dann gibst du die Butter und den Honig hinzu und vermischst alles 10 Sekunden/ Stufe 3.

3. Schieb die Mischung mit dem Spatel nach unten. Dann verrührst du die Kräuterbutter 30 Sekunden/ Stufe 3. Füll sie in kleine Schüsseln oder wickele sie in Frischhaltefolie und stell sie dann vor dem Servieren noch eine Stunde im Kühlschrank kalt.

2-4 Portionen

5 Min.

leicht

TOMATEN-LIEBSTÖCKEL-BUTTER

Zubereitungszeit: 5 Minuten
Zutaten für 2-4 Portionen

- 2 Knoblauchzehen
- 15 g Liebstöckelblätter
- 250 g Butter
- 100 g Tomatenmark
- Salz nach Belieben

1. Als Erstes schälst du den Knoblauch und zerkleinerst ihn dann mit dem Liebstöckel 5 Sekunden/ Stufe 5 im Mixtopf. Dann schiebst du die Mischung mit dem Spatel auf den Boden des Mixtopfs.

2. Füge nun die restlichen Zutaten hinzu und vermische die Butter noch einmal 10 Sekunden/ Stufe 4.

3. Zum Schluss vermischst du die Tomatenbutter noch einmal 30 Sekunden/ Stufe 3.

4. Vor dem Servieren füllst du die Tomaten-Liebstöckel-Butter in Schälchen um und stellst sie ca. 1 Stunde kalt.

2-4 Portionen

5 Min.

leicht

KNOBLAUCHBUTTER

Zubereitungszeit: 5 Minuten
Zutaten für 2-4 Portionen

- 2 Knoblauchzehen
- 10 g Petersilie
- 10 g Schnittlauch
- 250 g Butter
- Salz nach Belieben
- Pfeffer nach Belieben

1. Den geschälten Knoblauch zerkleinerst du zuerst zusammen mit der Petersilie und dem Schnittlauch im Mixtopf 5 Sekunden/ Stufe 5 und schiebst die Stückchen anschließend auf den Boden des Topfs.

2. Schneide die Butter nun in grobe Stücke, gib sie in den Mixtopf und vermische alles 15 Sekunden/ Stufe 5 zu einer cremigen Masse.

3. Nun schiebst du die Mischung erneut mit dem Spatel nach unten. Würze die Knoblauchbutter ganz nach deinem Geschmack mit Salz und Pfeffer und verrühre sie dann noch einmal 30 Sekunden/ Stufe 3.

4. Jetzt kannst du die Butter in Schüsselchen umfüllen. Stell sie vor dem Servieren noch eine Weile kalt.

GRILLEN

MIXTIPP-RIBS

Zutaten für 4 Portionen
Zubereitungszeit:
1 Stunde 45 Minuten
Ziehzeit: 1 Stunde

Für die Marinade:

- 1 Zwiebel, halbiert
- 3 Knoblauchzehen
- 200 g Ketchup
- 100 g Honig
- 60 g Apfelessig
- 50 g Sojasauce
- 20 g Rohrzucker
- Salz nach Belieben
- 3 Spritzer Tabascosauce
- 20 g Kakaopulver, ungesüßt

Für die Rippchen:

- 4 Rippchen
- 1 Lorbeerblatt
- 20 g Pfefferkörner
- 3000 g Kochwasser

1. Für die Marinade schälst du die Zwiebel und den Knoblauch, halbierst sie und zerkleinerst sie dann 5 Sekunden/ Stufe 5 im Mixtopf. Anschließend stellst du sie in einer kleinen Schüssel beiseite.

2. Nun gießt du Ketchup, Honig, Apfelessig und Sojasauce in den Mixtopf und würzt die Mischung mit Rohrzucker und Salz. Dann garst du alles 4 Minuten/ 80°C/ Stufe 2.

3. Jetzt kannst du die Zwiebel-Knoblauch-Mischung, die Tabascosauce und das Kakaopulver hinzufügen und die Marinade 20 Minuten/ 90°C/ Stufe 1 köcheln. Stell die fertige Marinade danach separat beiseite.

4. Wende dich nun den Rippchen zu: Schneide zuerst die Silberhaut ab und gib die Rippchen dann zusammen mit dem Lorbeerblatt und den Pfefferkörnern in einen mit 3000 g Wasser gefüllten Topf. Darin lässt du sie kurz aufkochen und anschließend 45 Minuten sanft köcheln.

5. Leg die Rippchen nun in eine Schale und bedecke sie mit der Marinade. Dann deckst du die Schale mit Folie ab und stellst sie für mindestens eine Stunde in den Kühlschrank, um sie ziehen zu lassen.

6. Danach grillst du die Rippchen am besten auf dem mittelheißen Grill von jeder Seite 15 Minuten. Dabei bestreichst du das Fleisch immer wieder mit Barbecue-Sauce.

mixtipp
Am besten eignen sich zum Grillen Alu-Grillschalen.

6 Portionen

1h 30 Min.

leicht

CHICKEN WINGS

Zubereitungszeit: 30 Minuten
Ziehzeit: 1 Stunde
Zutaten für 6 Portionen

- 200 g Hühnerbrühe
- 30 g Tomatenketchup
- 10 g Rohrzucker oder brauner Zucker
- 15 g Sojasauce
- 10 g Speisestärke
- 10 g Weinessig
- 20 g Honig
- 5 g Tabasco
- 5 g Ingwerpulver
- 5 g Currypulver
- 1800 g Hähnchenflügel

1. Gib zuerst alle Zutaten, bis auf die Hähnchenflügel, in den Mixtopf und vermische sie 10 Sekunden/ Stufe 8. Dann kochst du die Marinade 5 Minuten/ 100°C/ Stufe 1.

2. Leg die gewaschenen und abgetupften Hähnchenflügel nun in eine große Schüssel und verteile die Marinade großzügig darüber. Lass sie mindestens 1 Stunde einwirken.

3. Anschließend grillst du die Chicken Wings in einer Alu-Grillschale ca. 20 Minuten. Dabei bestreichst du sie immer wieder mit der Marinade.

4 Portionen

20 Min.

mittel

FORELLENFRIKADELLEN

Zubereitungszeit: 20 Minuten
Zutaten für 4 Personen, ergibt 6-8 kleine Frikadellen

- 1 Zwiebel
- 30 g Butter
- 400 g Forellenfilet
- 200 g Garnelen
- 5 Blatt Minze
- ½ Bund glatte Petersilie
- 2 Eigelb
- 100 g Semmelbrösel
- 5 g Mondamin
- Salz nach Belieben
- 5 g Dillsaat
- Mehl zum Mehlieren
- 20 g Sonnenblumenöl

1. Als Erstes gibst du die geschälte Zwiebel in den Mixtopf und zerkleinerst sie 5 Sekunden/ Stufe 5. Dann fügst du die Butter hinzu und lässt die Zwiebelstückchen 3 Minuten/ 90°C/ Stufe 1 anschwitzen.

2. Nun zerkleinerst du Forelle und Garnelen, Minze und Petersilie im Mixtopf 10 Sekunden/ Stufe 7. Anschließend fügst du Eigelb, Semmelbrösel, Mondamin und Gewürze hinzu und vermischst alles nochmals 8 Sekunden/ Stufe 5.

3. Jetzt kannst du kleine Frikadellen aus der Masse formen und kurz mit Mehl bestäuben. Die fertigen Forellenfrikadellen legst du in eine leicht geölte Alu-Grillschale und grillst sie dann je nach Größe von jeder Seite 5 bis 6 Minuten.

mixtipp
Bei schlechtem Wetter:
Frikadellen 5 Minuten
von jeder Seite in der
Pfanne braten.

4-6 Portionen

30 Min.

leicht

BAUCHSPECK TERIYAKI

Zubereitungszeit: 20 Minuten
Ziehzeit: 10 Minuten
Zutaten für 4-6 Portionen

- 40 g frischer Ingwer
- 2 Knoblauchzehen
- 40 g Honig
- 20 g Sojasauce
- 10 g Sherry
- 10 g Orangensaft
- 5 g Fünf-Gewürze-Pulver
- 6-8 Bauchspeck-Scheiben à 100 bis 120 g

1. Zuerst zerkleinerst du Ingwer und Knoblauch im Mixtopf 5 Sekunden/ Stufe 8. Dann gibst du Honig, Sojasauce, Sherry, Orangensaft und Gewürzepulver dazu und vermischst alles 8 Sekunden/ Stufe 5.

2. Nun legst du die Bauchscheiben nebeneinander in eine Schale und verteilst die Sauce darüber. Lass sie 5 Minuten einwirken, wende danach die Scheiben und mariniere sie weitere 5 Minuten.

3. Danach gibst du den Bauchspeck auf den Grill und grillst ihn von jeder Seite 5 Minuten. Anschließend bepinselst du das Fleisch noch einmal mit der restlichen Marinade und lässt es nach Gusto und gewünschter Knusprigkeit noch einmal 2-3 Minuten pro Seite weitergrillen.

4 Portionen

15 Min.

leicht

HAMBURGER-FRIKADELLEN

Zubereitungszeit: 15 Minuten
Zutaten für 4 Portionen

- 1 Knoblauchzehe
- 500 g Rinderhack
- 20 g Paniermehl
- 1 Ei
- 5 g Senf
- 5 g Tomatenmark
- Salz nach Belieben
- 5 g Paprika, edelsüß

1. Gib den geschälten Knoblauch in den Mixtopf und zerkleinere ihn 5 Sekunden/ Stufe 5.

2. Nun fügst du Rinderhack, Paniermehl und Ei hinzu und vermengst die Frikadellenmasse 10 Sekunden/ Linkslauf/ Stufe 3.

3. Anschließend würzt du die Mischung mit den restlichen Zutaten und verrührst alles 30 Sekunden/ Linkslauf/ Stufe 5 miteinander.

4. Forme jetzt Frikadellen aus der Masse, die du am besten im zugedeckten Kugelgrill 7-8 Minuten bei hoher Temperatur grillst. Wende das Burgerfleisch dabei einmal.

6 Portionen | 4h 15 Min. | leicht

ANDALUSISCHE FLEISCHSPIESSE

Zubereitungszeit: 15 Minuten
Ziehzeit: 4 Stunden
Zutaten für 6 Portionen

- 600 g Schweinefilet
- 2 Knoblauchzehen
- 100 g Olivenöl
- 10 g Paprika, edelsüß
- 5 g Paprika, scharf
- 5 g Kreuzkümmel, gemahlen
- Salz nach Belieben
- 20 g Sherry
- Holzspieße

1. Zuerst zerschneidest du das Filet in Streifen oder große Würfel (ca. 3 cm dick) und stellst es dann beiseite.

2. Dann zerkleinerst du den geschälten Knoblauch im Mixtopf 5 Sekunden/ Stufe 5. Schieb ihn anschließend mit dem Spatel nach unten.

3. Gib nun das Öl, die Gewürze und den Sherry dazu und vermische alles nochmals 5 Sekunden/ Stufe 4.

4. Verteile die Marinade jetzt großzügig über das Fleisch. Lass es mindestens 4 Stunden ziehen.

5. Wickle das Fleisch um die Holzspieße oder steck die Fleischstücke darauf und grill sie auf dem heißen Grill auf offener Flamme von jeder Seite 4 Minuten.

mixtipp
Die Spieße kannst du vorher kurz in Öl tauchen, damit das Fleisch nicht daran kleben bleibt.

3 Portionen

35 Min.

schwer

KRÄUTERFORELLE IN ALUFOLIE

Zubereitungszeit: 35 Minuten
Zutaten für 3 Portionen

- 2 Forellen
- 1 Knoblauchzehe
- ½ Bund Dill
- ½ Bund Schnittlauch
- ½ Bund Basilikum
- ½ Bund Kerbel
- 80 g Butter
- Salz nach Belieben
- Pfeffer nach Belieben
- 1 Bio-Zitrone
- Öl zum Einfetten
- Alufolie

1. Zuerst bereitest du die Forellen vor: Wasch sie dazu ab und schuppe sie sorgfältig.

2. Zerkleinere nun den geschälten Knoblauch zusammen mit den Kräutern 5 Sekunden/ Stufe 5 im Mixtopf. Schieb die Kräutermischung danach mit dem Spatel nach unten.

3. Die Butter gibst du mit Salz und Pfeffer anschließend ebenfalls in den Mixtopf und garst den Inhalt 90 Sekunden/ 70°C/ Stufe 2.

4. Als Nächstes reibst du die Forellen mit Salz ein und legst sie auf zwei eingefettete Alufolienstücke. Jetzt zerschneidest du die Zitrone und füllst die Scheiben zusammen mit 50 g der Kräuterbutter in den Bauchraum der Fische.

5. Wickel die Alufolie um die ganzen Forellen, sodass keine Flüssigkeit austreten kann.

6. Die Forellen grillst du auf glühenden Kohlen ca. 10 Minuten von jeder Seite.

mixtipp
Zum Entfernen der Flossen eignet sich am besten eine Schere!

4 Portionen

35 Min.

leicht

MARINIERTE LACHSSPIESSE

Zubereitungszeit: 35 Minuten
Zutaten für 4 Portionen

- 20 g frischer Ingwer
- 2 Knoblauchzehen
- 35 g Honig
- 50 g Wasser
- 50 g Sojasauce
- 400 g Lachsfilet
- Holzspieße
- 50 g Öl

1. Zuerst schälst du den Ingwer und den Knoblauch und zerkleinerst beides im Mixtopf 6 Sekunden/ Stufe 7. Schieb die Mischung danach mit dem Spatel nach unten.

2. Gib nun den Honig hinzu und erhitze alles 90 Sekunden/ 90°C/ Stufe 2.

3. Anschließend gibst du das Wasser und die Sojasauce dazu und kochst die Mischung erneut 2 Minuten/ 80°C/ Stufe 2. Lass die Marinade abkühlen, bevor du den Fisch marinierst.

4. Spieß den in Streifen geschnittenen Fisch nun auf die Holzspieße. Dann tunkst du die Lachsspieße in das Öl, damit sie nicht kleben. Danach verteilst du die Marinade großzügig über die Spieße.

5. Die Spieße grillst du am besten in einer mit Öl eingefetteten Aluschale 10 Minuten von jeder Seite.

4 Portionen

20 Min.

leicht

SCHWEINEFILET-MEDAILLONS IM SPECKMANTEL

Zubereitungszeit: 20 Minuten
Zutaten für 4 Portionen

- 1-2 Knoblauchzehen
- 1 Bund Thymian
- 600 g Schweinefilet
- Salz nach Belieben
- Pfeffer nach Belieben
- 8-9 Scheiben durchwachsener Speck
- Holzspieße

1. Du beginnst damit, dass du die Spieße in Wasser einlegst, damit sie feuerfester sind.

2. Schäl nun die Knoblauchzehen und zerkleinere sie zusammen mit dem Thymian im Mixtopf 5 Sekunden/ Stufe 5.

3. Als Nächstes schneidest du das Schweinefilet in Medaillons (je 3 cm dick) und würze die Stücke nach deinem Geschmack mit Salz und Pfeffer und dem Knoblauch-Kräuter-Gemisch.

4. Umwickle die Medaillons nun jeweils mit einer Scheibe Speck und steck sie anschließend auf die Spieße.

5. Grill die Filetstücke auf jeder Seite 6-8 Minuten. Achte darauf, dass es keine Flammen mehr gibt, sonst verbrennt der Speck.

HÄHNCHEN-SALTIMBOCCA

Zubereitungszeit: 30 Minuten
Zutaten für 4-6 Portionen

- 3 Hähnchenbrustfilets (je ca. 200 g)
- Gefrierbeutel
- 1 Bio-Zitrone
- 40 g getrocknete Tomaten
- 30 g Parmesankäse
- 35 g Olivenöl
- Pfeffer nach Belieben
- 8 Scheiben Parmaschinken
- 12 Salbeiblätter
- Holzspieße
- 30 g Öl zum Bepinseln

1. Zerschneide zuerst die Hähnchenbrustfilets in 6-8 Scheiben (1 cm dick). Gib sie in die Gefrierbeutel und klopfe sie leicht mit einer schweren Pfanne in Form.

2. Nun wäschst du die Zitrone und reibst die Schale ab. Gib sie anschließend mit den getrockneten Tomaten, dem Parmesan und dem Olivenöl in den Mixtopf und würze die Mischung mit dem Pfeffer. Dann vermischst du alles 6 Sekunden/ Stufe 7.

3. Streich jetzt die Masse aus dem Mixtopf auf die Hähnchenstücke, leg je eine Scheibe Parmaschinken darauf und klapp das Fleisch zu.

4. Zum Schluss legst du ein Salbeiblatt auf das Fleisch und fixierst es mit einem Holzspieß.

5. Bevor du die Saltimboccas auf den heißen Grill legst, bepinselst du sie mit etwas Öl. Grill sie nun von jeder Seite 5-8 Minuten.

mixtipp

Holzspieße erst in Öl tauchen, dann bleibt das Fleisch nicht daran kleben.

BEILAGEN

1 Focaccia

1h 40 Min.

mittel

ZWIEBEL-FOCACCIA

Zubereitungszeit: 30 Minuten
Zeit zum Gehen:
1 Stunde 10 Minuten
Zutaten für 1 Focaccia

- 1 rote Zwiebel
- 150 g warmes Wasser
- 10 g Milch
- 1 Päckchen Trockenhefe
- 300 g Mehl
- Salz nach Belieben
- 45 g Olivenöl
- 5 g grobes Meersalz zum Betreuen
- 20 g Olivenöl

1. Zunächst schälst du die Zwiebel und schneidest sie in dünne Ringe.

2. Dann vermischst du Wasser, Milch und Hefe im Mixtopf 3 Minuten/ 37°C/ Stufe 2. Anschließend gibst du Mehl, Salz und Olivenöl dazu und knetest alles 3 Minuten/ Teigknetfunktion zu einem glatten Teig. Danach lässt du den Teig im Mixtopf 45 Minuten gehen.

3. Als Nächstes nimmst du die Teigmasse aus dem Mixtopf und knetest die Hälfte der Zwiebelringe mit den Händen unter den Teig. Forme daraus einen Fladen.

4. Den Fladen legst du auf ein mit Backpapier belegtes Backblech und lässt ihn dann abgedeckt nochmals 25 Minuten gehen. Danach drückst du mit den Fingern Mulden in den Teig. Die restlichen Zwiebelringe und das grobe Meersalz verteilst du auf dem Fladen und beträufelst ihn zum Schluss mit dem Olivenöl.

5. Back die Zwiebel-Focaccia 18 Minuten/ 180°C (Umluft) auf mittlerer Schiene im Backofen.

10 Portionen

20 Min.

leicht

STOCKBROT

Zubereitungszeit: 20 Minuten
Zutaten für 10 Stück

400 g Mehl
1 Päckchen Backpulver
150 g Milch
50 g Butter
Salz nach Belieben

1. Als Erstes gibst du das Mehl mit dem Backpulver in den Mixtopf. Dann fügst du Milch, Butter und Salz hinzu und vermischst alles 2 Minuten/ Teigknetfunktion zu einem lockeren Teig. Kommt er dir noch zu trocken vor, kannst du noch etwas mehr Milch dazugießen.

2. Teile den fertigen Teig nun in 10 gleichgroße Teigkugeln, die du jeweils zu einem langen Faden ziehst und um einen sauberen Stock wickelst. Drück den Teig anschließend noch einmal gut an den Stock.

3. Nun können die Stöcke über die glühende Kohle gehalten werden. Um eine ebenmäßige Bräune zu erhalten, drehst du das Brot, bis es goldbraun ist.

3 Portionen

35 Min.

leicht

GEFÜLLTE CHAMPIGNONS

Zubereitungszeit: 15 Minuten
Zeit zum Überbacken: 20 Minuten
Zutaten für 3 Portionen

- 10 Riesenchampignons
- 200 g Gouda
- ½ Bund Petersilie
- 1 Zwiebel, halbiert
- 1 Knoblauchzehe
- 50 g Kräuterbutter
- 60 g Bauchspeckwürfel
- 40 g Frischkäse

1. Als Erstes wäschst du die Pilze ab und putzt sie. Dabei schneidest du die Stiele heraus und legst sie beiseite.

2. Für die Füllung zerkleinerst du den Gouda im Mixtopf 6 Sekunden/ Stufe 4. Dann füllst du ihn in eine Schüssel um.

3. Nun gibst du Petersilie, Pilzstängel, Zwiebel und Knoblauch in den Mixtopf und zerkleinerst sie 5 Sekunden/ Stufe 5. Dann schiebst du alles mit dem Spatel nach unten.

4. Gib anschließend die Kräuterbutter und den Speck in den Mixtopf und dünste alles 2 Minuten/ 100°C/ Stufe 2. Als Nächstes fügst du den Frischkäse und 150 g Gouda hinzu und vermischst alles 10 Sekunden/ Stufe 5.

5. Nun kannst du die Mischung in die Pilze füllen und mit dem restlichen Gouda bestreuen. Gib die gefüllten Pilze in eine gefettete Auflaufform und überback sie im vorgeheizten Ofen bei 180°C (Umluft) für 20 Minuten.

mixtipp
Sehr gut eignen sich Portobello-Pilze. Sie sind noch größer als Champignons und lassen sich besser füllen.

3 Portionen

5 Min.

leicht

OBAZDA

Zubereitungszeit: 5 Minuten
Zutaten für 3 Portionen

- 1 Zwiebel, halbiert
- 125 g Camembert
- 25 g Sahneschmelzkäse
- 50 g Kräuterbutter
- 5 g Paprika, edelsüß
- Salz nach Belieben
- weißer Pfeffer nach Belieben

1. Als Erstes schälst und halbierst du die Zwiebel und zerkleinerst sie dann im Mixtopf 5 Sekunden/ Stufe 5. Schieb die Stückchen mit dem Spatel nach unten.

2. Anschließend gibst du Camembert, Kräuterbutter und Schmelzkäse dazu und würzt die Mischung mit Paprika, Salz und Pfeffer. Nun verrührst du alles noch einmal 6 Sekunden/ Stufe 5, bis du einen cremigen Obazda bekommen hast. Fertig!

6 Portionen

1h 55 Min.

leicht

BURGERBRÖTCHEN

Zubereitungszeit: 35 Minuten
Zeit zum Gehen:
1 Stunde 20 Minuten
Zutaten für 6 Portionen

- 180 g Milch
- 60 g warmes Wasser
- 1 Hefewürfel (42 g)
- 5 g Zucker
- 5 g Butter
- 480 g Mehl
- Salz nach Belieben
- 15 g Olivenöl
- 40 g Honig
- 10 g Sesam zum Bestreuen

1. Fülle zu Beginn Milch, Wasser, Hefe, Zucker und Butter in den Mixtopf und vermische alles 2 Minuten/ 37°C/ Stufe 1.

2. Nun gibst du die weiteren Zutaten bis auf den Sesam hinzu und verknetest den Teig 5 Minuten/ Teigknetfunktion.

3. Nun muss der Teig an einem warmen Ort für 50 Minuten ruhen. Wenn der Teig soweit aufgegangen ist, dass er etwas über den Rand des Mixtopfs quillt, verrührst du ihn noch einmal 1 Minute/ Teigknetfunktion.

4. Forme den fertigen Burgerteig anschließend zu 6 gerundeten Brötchen, die du nochmals eine halbe Stunde an einem warmen Ort gehen lässt.

5. Bestreue sie nun mit dem Sesam und back die Brötchen 20 Minuten/ 190°C (Ober-/Unterhitze) im vorgeheizten Backofen.

4 Portionen

35 Min.

mittel

HALLOUMI-PÄCKCHEN „HIRTEN-ART"

Zubereitungszeit: 35 Minuten
Zutaten für 4 Portionen

1 Zwiebel, halbiert
1 Knoblauchzehe
1 Paprika, in groben Stücken
50 g Kräuterbutter
45 g Toastbrot, in Stücken
20 g Tomatenmark
1 Ei
5 g Rosmarin
5 g Thymian
Salz nach Belieben
Pfeffer nach Belieben
500 g Halloumi-Käse
Alufolie

1. Beginne damit, dass du die Zwiebel und den Knoblauch schälst und halbierst. Zerkleinere sie dann im Mixtopf 5 Sekunden/ Stufe 5 und schieb die Stückchen mit dem Spatel nach unten.

2. Wasche und schneide nun die Paprika und gib sie mit Kräuterbutter, Toast, Tomatenmark, Ei und Kräutern in den Mixtopf. Dann pfefferst und salzt du die Mischung nach deinem Geschmack und verrührst sie 5-10 Sekunden/ Stufe 5.

3. Leg den Halloumi-Käse nun auf Alufolie und verteile das Gemisch aus dem Mixtopf darüber. Die Ränder der Folie solltest du nach oben biegen, das erleichtert das Grillen.

4. Nun kannst du den Käse auf den Grill legen und ca. 25 Minuten auf offener Flamme grillen.

mixtipp
Schmeckt super zu Folienkartoffeln.

6 Portionen

5 Min.

leicht

FETA-BROTAUFSTRICH

Zubereitungszeit: 5 Minuten
Zutaten für 6 Portionen

- 1 Zwiebel, halbiert
- 1 Frühlingszwiebel, in Stücken
- 2 Knoblauchzehen
- ½ rote Paprika, in Stücken
- 250 g Feta
- 200 g Frischkäse
- Salz nach Belieben
- 1 Prise Pfeffer
- 5 g Cayennepfeffer
- 5 g Sambal Olek, mild

1. Zuerst schälst und schneidest du die Zwiebel, die Frühlingszwiebel und die Knoblauchzehen in grobe Stücke. Zusammen zerkleinerst du sie 5 Sekunden/ Stufe 5 im Mixtopf.

2. Jetzt entfernst du den Strunk der Paprika, entkernst sie, schneidest sie ebenfalls in Stückchen und vermischst sie 5 Sekunden/ Stufe 6 mit der Zwiebelmischung.

3. Füge nun Feta und Frischkäse und die Gewürze hinzu und verrühre dann alles 15 Sekunden/ Stufe 6 zu einem cremigen Dip.

4. Zum Schluss kannst du noch mit Salz und Pfeffer nachwürzen.

6 Portionen

2h 10 Min.

mittel

GAZPACHO

Zubereitungszeit: 10 Minuten
Kühlzeit: 2 Stunden
Zutaten für 6 Portionen

- 500 g Tomaten, geviertelt
- 1 Gurke (70 g), in Scheiben
- 1 grüne Paprika, in Stücken
- 1 Knoblauchzehe
- 2 Frühlingszwiebeln, in Stücken
- 10 g Tomatenmark
- 300 g Tomatensaft
- 2 Petersilienstängel
- 30 g Olivenöl
- 20 g Zitronensaft
- Salz nach Belieben
- Pfeffer nach Belieben

1. Als Erstes wäschst und schälst du die Tomaten und schneidest sie in Viertel. Ebenso schälst du die Gurke, entfernst den Innenteil mit den Kernen und schneidest sie in feine Scheiben. Dann stellst du sie beiseite.

2. Wasch nun die Paprika, schneide den Strunk ab, kratz die Kerne heraus und schneide sie in Streifen. Danach schälst du den Knoblauch und die Frühlingszwiebeln und zerkleinerst sie mit der Paprika im Mixtopf 6 Sekunden/ Stufe 5. Füll sie dann in eine Schüssel um.

3. Als Nächstes gibst du die Tomatenviertel, das Tomatenmark, den Tomatensaft, die Petersilie und die Hälfte der Gurkenscheiben in den Mixtopf und pürierst die Mischung 30 Sekunden/ Stufe 10.

4. Jetzt kannst du die Paprika-Zwiebel-Mischung, den Rest der Gurke und das Öl dazugeben und die Gazpacho-Mischung mit Zitronensaft, Salz und Pfeffer abschmecken. Verrühre alles noch einmal 15 Sekunden/ Stufe 6. Dann stellst du die Gazpacho vor dem Servieren 2 Stunden kalt.

6 Portionen

35 Min.

leicht

GRILLTOMATEN SMOKY BARBECUE

Zubereitungszeit: 35 Minuten
Zutaten für 6 Portionen

- 2 große rote Paprika
- 2 Knoblauchzehen
- 20 g Rotweinessig
- 40 g Olivenöl
- 10 g Dijonsenf
- 10 g Worcestershire-Sauce
- 20 g Zuckerrübensirup
- ½ TL geräuchertes Paprikapulver
- Salz nach Belieben
- Pfeffer nach Belieben
- 1000 g Cherrytomaten

1. Zuerst steckst du die Paprika auf einen Spieß und röstest sie über einer Gasflamme oder über der Grillglut, bis sie gleichmäßig gebräunt ist. Lass sie einige Zeit abkühlen. Danach schälst du sie und entfernst die Kerne.

2. Gib die Paprika nun mit dem Knoblauch in den Mixtopf und zerkleinere beides 5 Sekunden/ Stufe 5. Danach schiebst du sie mit dem Spatel nach unten.

3. Anschließend fügst du Essig, Öl, Senf, Worcestershire-Sauce, Zuckerrübensirup und Paprika hinzu und salzt und pfefferst die Mischung ganz nach Belieben. Dann vermischst du die Marinade 5 Sekunden/ Stufe 4.

4. Nun kannst du die Cherrytomaten waschen und die Strünke herausschneiden. Halbiere sie und gib sie in eine Auflaufform. Danach verteilst du die Marinade gleichmäßig darüber.

5. Zum Schluss backst du die Grilltomaten im vorgeheizten Backofen 20 Minuten/ 200°C (Ober-/ Unterhitze)

4 Portionen

30 Min.

mittel

AVOCADO MEXICANO

Zubereitungszeit: 30 Minuten
Zutaten für 4 Portionen

- 1 Knoblauchzehe
- ½ Bund Koriander
- 300 g Tomaten, halbiert
- 20 g Olivenöl
- 5 g Salz
- 5 g Pfeffer
- 100 g Schafskäse
- 2 Avocados

1. Zuerst zerkleinerst du Knoblauch und Koriander 5 Sekunden/ Stufe 5 im Mixtopf und schiebst sie dann mit dem Spatel nach unten.

2. Nun halbierst du die Tomaten und gibst sie ebenfalls in den Mixtopf. Anschließend gießt du das Olivenöl dazu und salzt und pfefferst die Mischung. Dann vermischst du alles 5 Sekunden/ Stufe 4. Zerkleinere den Schafskäse grob mit einer Gabel und heb ihn unter die Tomatenmischung.

3. Als Nächstes wäschst du die Avocados, tupfst sie trocken und schneidest sie dann der Länge nach durch. Mit einem Esslöffel entfernst du den Kern. Dann grillst du die Avocadohälften 3 Minuten mit der glatten Seite nach unten auf dem Grill. Danach legst du die Avocados auf Alufolie, füllst sie mit Tomatensalsa und verpackst alles zu kleinen Päckchen.

4. Zum Schluss garst du die Päckchen noch einmal für 5 Minuten auf dem Grill.

4 Portionen

40 Min.

mittel

COUSCOUS-PAPRIKA

Zubereitungszeit: 40 Minuten
Zutaten für 4 Portionen

- 100 g Karotten, in Stücken
- 100 g Zucchini, in Stücken
- 100 g Zwiebeln, halbiert
- 1 Knoblauchzehe
- 1 Avocado, in Stücken
- 4 rote Paprika, halbiert
- 200 g Wasser
- 150 g Instant-Couscous
- 1 Prise Salz
- 20 g Olivenöl
- 100 g Tomatensaft
- 10 g Gemüsebrühepulver
- Salz nach Belieben
- Pfeffer nach Belieben

1. Zuerst wäschst und schälst du die Karotten, die Zucchini, die Zwiebeln und den Knoblauch und schneidest alles in grobe Stücke. Stell das Gemüse in einer Schüssel beiseite. Auch die Avocado schälst du, entfernst den Kern und schneidest sie in Würfel. Danach stellst du sie separat beiseite.

2. Dann wäschst du die Paprika, schneidest die Strünke heraus und entkernst sie. Schneide die obere Hälfte ab.

3. Als Nächstes gibst du 200 g Wasser in den Mixtopf und kochst es 5 Minuten/ 100°C/ Stufe 1 auf. Füll den Couscous in einen Kochtopf und gieß das heiße Wasser darüber. Danach lässt du ihn ca. 10 Minuten quellen.

4. In der Zwischenzeit gibst du die geschälten Gemüsesorten, bis auf die Paprika und die Avocado, in den Mixtopf und zerkleinerst sie 5 Sekunden/ Stufe 5. Anschließend gießt du das Öl dazu und dünstest den Gemüsemix 5 Minuten/ Varoma/ Linkslauf/ Stufe 1.

5. Jetzt kannst du den Couscous und die Avocadostücke in den Mixtopf geben und den Tomatensaft angießen. Gib noch das Gemüsebrühepulver und die Gewürze dazu und verrühre die Mischung mit Hilfe des Spatels 20 Sekunden/ Linkslauf/ Stufe 2.

6. Zum Schluss bestreichst du die Paprikahaut mit Öl, füllst die fertige Couscous-Mischung in die Paprikahälften und umwickelst sie mit Alufolie. Dann grillst du die Paprika ca. 20 Minuten, bis sie weich sind.

DESSERTS

4 Portionen

35 Min.

leicht

GRILLIES (BROWNIES VOM GRILL)

Zubereitungszeit: 35 Minuten
Zutaten für 4 Stück

- 50 g Zartbitterschokolade
- 50 g Butter
- 2 Eier
- 50 g Kakao
- 5 g Backpulver
- 50 g Mehl
- 20 g gemahlene Mandeln
- 160 g Zucker
- 1 Prise Salz
- 10 g Rum

1. Zuerst zerkleinerst du die Schokolade 8 Sekunden/ Stufe 5. Dann fügst du die Butter hinzu und schmilzt beides 3 Minuten/ 50°C/ Stufe 2.

2. Nun gibst du die Eier in den Mixtopf und schlägst die Masse 3 Minuten/ Stufe 4 schaumig. Anschließend fügst du die restlichen Zutaten zu der Masse im Mixtopf hinzu und vermischst alles noch einmal 2 Minuten/ Stufe 4.

3. Als Nächstes fettest du ofenfeste Porzellanförmchen ein und verteilst die Teigmasse gleichmäßig darauf. Gib die Grillies auf den Rost und lass sie bei indirekter Hitze mit ca. 180°C (Kugelgrill) bei geschlossenem Grilldeckel 25 Minuten grillen.

mixtipp
Bitte unbedingt hitzebeständige Porzellanförmchen benutzen!

4 Portionen

10 Min.

leicht

GEGRILLTE PFIRSICHE MIT RICOTTACREME

Zubereitungszeit: 10 Minuten
Zutaten für 4 Portionen

- 25 g Orangeat
- 25 g Pistazien
- 5 g frische Basilikumblätter
- ½ Bio-Zitrone
- 100 g Akazienhonig
- 100 g Ricotta
- 60 g Crème fraîche
- 2 Pfirsiche
- 10 g Butter
- 10 g Puderzucker

1. Gib als Erstes Orangeat, Pistazien und Basilikumblätter in den Mixtopf und zerkleinere sie 5 Sekunden/ Stufe 6. Schieb die Mischung danach mit dem Spatel nach unten.

2. Jetzt reibst du die Schale der Zitrone ab und presst sie aus. Gib nun den Honig, die abgeriebene Schale der Zitrone und 30 g Zitronensaft in den Mixtopf. Vermische alles 7 Sekunden/ Stufe 5.

3. Abschließend gibst du Ricotta und Crème fraîche hinzu und verarbeitest die Masse 10 Sekunden/ Stufe 4 zu einer Creme.

4. Widme dich nun den Pfirsichen. Wasche, halbiere und entkerne sie. Dann bepinselst du die Hälften mit Butter, streust den Puderzucker darauf und grillst die Pfirsiche für ca. 4 Minuten auf dem Grill über glühenden Kohlen.

5. Jetzt kannst du die Pfirsiche zusammen mit der Ricottacreme servieren.

4 Portionen

15 Min.

leicht

BBQ-BANANEN
(GANZ OHNE THERMOMIX)

Zubereitungszeit: 15 Minuten
Zutaten für 4 Portionen

- 4 Bananen
- ca. 100 g Schokolade in Stücken
- Kokosraspeln nach Belieben

1. Grill die ungeschälten Bananen je 10-12 Minuten über der glühenden Kohle. Achte darauf, dass du sie regelmäßig drehst.

2. Schneide die Banane ein und lass sie ein wenig auskühlen, bevor du sie am besten mit einem Löffel wie eine Kiwi aushöhlst.

3. In die ausgehöhlten Bananen gibst du zum Schluss die Schokostückchen. Wenn du magst, streust du noch Kokosraspeln darüber.

mixtipp
Du kannst die Schokolade auch vor dem Grillen in die Bananen füllen. Packe sie dann aber zum Grillen in Alufolie. Grill-Phil empfiehlt: 1 Kinderriegel nehmen!

4 Portionen

10 Min.

leicht

BBQ-ANANAS MIT LIMETTEN-INGWER-SAUCE

Zubereitungszeit: 10 Minuten
Zutaten für 4 Portionen

- 50 g Honig
- 40 g Limettensaft
- 5 g Ingwerpulver
- Chiliflocken nach Belieben
- 1 frische Ananas
- 40-60 g Zucker
- 8 Blätter frische Pfefferminze

1. Gib Honig, Limettensaft, Ingwerpulver und Chiliflocken in den Mixtopf und vermische alles 5 Sekunden/ Stufe 5.

2. Anschließend entfernst du Rinde und Strunk der Ananas und schneidest das Fruchtfleisch in Ringe.

3. Die Limetten-Ingwer-Sauce verstreichst du jetzt auf den Ananasscheiben. Lass dabei noch ein wenig Sauce übrig. Grill die Ananas anschließend über der glühenden Kohle ca. 4 Minuten auf jeder Seite.

4. Zerkleinere in der Zwischenzeit die Pfefferminze zusammen mit dem Zucker im Mixtopf 5 Sekunden/ Stufe 8.

5. Garniere die fertige Ananas mit der Pfefferminz-Zucker-Mischung und der restlichen Sauce.

4 Portionen

10 Min.

leicht

ERDBEER-APRIKOSEN-MARSHMALLOWS

Zubereitungszeit: 10 Minuten
Zutaten für 4 Portionen

- 8 Erdbeeren
- 8 Aprikosen
- 8 Marshmallows
- Holzspieße

1. Dieses Rezept ist superleicht ohne Thermomix herzustellen: Zu Beginn weichst du die Spieße in Wasser ein, damit sie nicht so leicht verbrennen.

2. Nun schneidest du die gewaschenen Erdbeeren und Aprikosen in Hälften und nimmst die Aprikosenkerne heraus.

3. Spieß nun im Wechsel je eine Erdbeer- und eine Aprikosenhälfte auf einen Spieß, danach einen Marshmallow und abschließend wieder eine Erdbeer- und eine Aprikosenhälfte, sodass der Marshmallow von beiden Seiten von Früchten umgeben ist.

4. Nun grillst du die Spieße über glühender Kohle 3 Minuten auf dem Grillrost. Dabei drehst du sie immer wieder um.

mixtipp
Schade, funktioniert leider ganz ohne Thermomix…

4-6 Portionen | 25 Min. | leicht

ERDBEER-RHABARBER-KOMPOTT IM GLAS

Zubereitungszeit: 25 Minuten
Zutaten für 4-6 Portionen

- 400 g Rhabarber
- 100 g Erdbeeren
- 40 g Zucker
- 1 Päckchen Vanillezucker
- 5 g Mondamin
- Vanilleeis oder Walnusseis nach Belieben
- Hitzebeständige Marmeladengläser

1. Beginne damit, dass du den Rhabarber schälst und in ca. 3 cm große Stücke schneidest. Die Erdbeeren wäschst du und erntfernst die Blätter.

2. Die Rhabarberstücke und die Erdbeeren gibst du nun zusammen mit dem Zucker, Vanillezucker und Mondamin in den Mixtopf und vermischst mit Hilfe des Spatels alles 6 Sekunden/ Stufe 5.

3. Danach lässt du die Mischung 5 Minuten ziehen und kochst sie anschließend 2 Minuten/ 90°C/ Stufe 2 vor.

4. Gib die Masse dann in vier eingefettete, hitzebeständige Marmeladengläser und verschließe die Gläser mit einem Deckel oder mit Alufolie. Stell die Gläser für 10-15 Minuten auf den Grill, bis der Rhabarber gar ist.

5. Du kannst den Kompott warm in den Gläsern servieren oder auf Desserttellern anrichten.

WEITERE TITEL AUS DIESER REIHE

AUCH ALS E-BOOK ERHÄLTLICH

MIXtipp:
Mediterrane Rezepte

104 Seiten,
Format: 17 x 24 cm,
Klappenbroschur,
durchgehend farbig bebildert

ISBN: 978-3-945152-51-5, **9,99 €**

Maria del Carmen Martin-Gonzalez, langjährige Mitarbeiterin der spanischen Thermomix-Zeitschrift „Cocina tu misma con Thermomix", hat in diesem Buch ihre Lieblingsrezepte für uns zusammengestellt. Ob eine Kastilische Cremesuppe, ein Vitello Tonnato oder ein Toskanischer Kaninchentopf auf dem Speiseplan stehen soll oder einfach ein leckeres Gyros oder Spaghetti Carbonara – alle Rezepte lassen sich problemlos mit dem TM 5 und dem TM 31 nachkochen. Mit dem Thermomix und unseren Rezepten kannst du ohne lange Vorbereitungszeit tolle mediterrane Gerichte schonend zubereiten. Entdecke deine mediterrane Seele und genieße neue kulinarische Geschmacksmomente mit dem Thermomix und unseren MIXtipps!

MIXtipp:
Party-Rezepte

104 Seiten,
Format: 17 x 24 cm,
Klappenbroschur,
durchgehend farbig bebildert

ISBN: 978-3-945152-50-8, **9,99 €**

Du planst eine fetzige Geburtstagsparty? Eine gruselige Halloweenparty? Oder du suchst nach Ideen für deine Sommerparty im Garten? Mit diesem Buch findest du die originellsten und leckersten Rezepte für jede Gelegenheit!
Pizzaschnecken und Spaghettisalat, Guacamole und Paprikadip, Nussecken und Quarktaschen – mit diesen Rezepten und vielen mehr gelingt dir jede Party, egal ob für 5 oder 50 Personen. Alexander Augustin hat in diesem Buch die besten süßen und herzhaften Partysnacks, tolle Ideen für einzelne Gerichte und ganze Buffets aus seiner Rezeptsammlung zusammengestellt. Alles lässt sich natürlich mühelos mit dem TM 5 oder dem TM 31 zubereiten. So ist eine stressfreie Vorbereitung garantiert. Kümmere dich in aller Ruhe um deine Gäste und genieß die Party, Thermomix kümmert sich um das Essen.

MIXtipp:
Vegane Rezepte

112 Seiten,
Format: 17 x 24 cm,
Klappenbroschur,
durchgehend farbig bebildert

ISBN: 978-3-945152-52-2, **9,99 €**

Ethisch, vielfältig und bunt - die vegane Küche ist so entdeckungslustig und international wie kaum eine andere! Ob du dich selbst vegan ernähren oder für vegane Freunde ein Essen zubereiten möchtest, hier findest du gesunde, abwechslungsreiche Rezepte von Couscous-Salat über Maronencremesuppe bis zum Marokkanischen Gemüsetopf – natürlich ganz ohne tierische Zutaten! Alle lassen sich ganz leicht mit dem TM 5 und TM 31 zubereiten - das Schneiden von Gemüse und Obst erledigt der Thermomix für dich. Laura Wieland hat in diesem Buch die leckersten und originellsten veganen Rezeptideen aus ihrer Sammlung zusammengestellt. Zusätzlich findest du viele Tipps zu veganen Zutaten und Zubereitungsarten, mit denen du selbst ganz nach deinem Geschmack traditionelle Gerichte neu entdecken und vegane Köstlichkeiten kreieren kannst.

LEMPERTZ

mixtipp

WEITERE TITEL AUS DIESER REIHE

AUCH ALS E-BOOK ERHÄLTLICH

MIXtipp: Baby- und Kleinkinder-Rezepte

ca. 96 Seiten,
Format: 17 x 24 cm,
Klappenbroschur,
durchgehend farbig bebildert

ISBN: 978-3-96058-088-1, **9,99 €**

Gerade für die Kleinen sollte das Essen lecker, abwechslungsreich, frisch und gesund sein! Hier findest du süße und herzhafte Rezepte vom ersten Brei bis hin zu kleinen Mahlzeiten. Mit unserem Thermomix-Kochbuch für Kinder, das extra auf den TM 31 und den TM 5 abgestimmt ist, kannst du in kürzester Zeit das Essen für die Kleinen zubereiten. Kein Stress, kaum Spül- und wenig Vorbereitungszeit – wenn andere noch kochen, kannst du schon wieder kuscheln.
Alle Gerichte sind ernährungsphysiologisch erprobt und lassen sich schnell vorbereiten, mühelos zubereiten und problemlos einfrieren. Einfach babyleicht und lecker!

MIXtipp: Lieblingssuppen

ca. 96 Seiten,
Format: 17 x 24 cm,
Klappenbroschur,
durchgehend farbig bebildert

ISBN: 978-3-96058-092-8, **9,99 €**

Du liebst Suppen? Kein Wunder! Gemüsesuppe, Gazpacho, Bouillabaisse, Borschtsch, Nudelsuppe und viele mehr – kaum ein Gericht hält so viele köstliche Zubereitungsmöglichkeiten für dich bereit. Ob feine Bouillons für einen appetitanregenden Start in ein Menü oder herzhafte Eintöpfe, die dir helfen, kalte Tage leichter zu ertragen: In diesem Buch findest du die leckersten und am liebsten gekochten Suppenrezepte, mit denen du deine Lieblingssuppen neu erfinden und neue köstliche Varianten entdecken kannst. Mal deftig, mal leicht, mal international und mal traditionell laden dich unsere Lieblingssuppen ganz unkompliziert zum Nachkochen ein. Dabei lassen sich natürlich alle einfach und schnell mit dem TM 5 und dem TM 31 zubereiten.

MIXtipp: Schoko-Schmecker

ca. 104 Seiten,
Format: 17 x 24 cm,
Klappenbroschur,
durchgehend farbig bebildert

ISBN: 978-3-96058-039-3, **9,99 €**

Nutella® – allein wenn du den Begriff hörst, läuft dir das Wasser im Mund zusammen? Dann ist diese Rezeptsammlung genau die Richtige für dich! Das Team mixtipp hat sich von dem leckeren Nuss-Nougat-Aufstrich inspirieren lassen und 40 Rezepte rund um die cremige Sünde zusammengestellt. Eine selbstgemachte Nuss-Nougat-Creme zum Sonntagsfrühstück, ein Schokoschmarren zum Mittagessen, ein Birnen-Bananen-Milchshake mit Nutella® für Zwischendurch oder eine verführerische Torte zum Nachmittagskaffee – der Aufstrich mit Suchtfaktor kann mehr als nur Frühstück. Sogar Eis und Liköre verfeinert er mit seiner puren Cremigkeit. Probiere all diese Leckereien doch einfach mal aus!

Weitere Titel in der Edition Lempertz:

**Vegan rockt!
Das Backbuch**

Klappenbroschur, 216 Seiten, Format: 17 x 24 cm, durchgehend farbig bebildert
ISBN: 978-3-943883-29-9, **14,99 €**

**Vegan rockt!
Muffins & Cupcakes**

Klappenbroschur, 208 Seiten, Format: 17 x 24 cm, durchgehend farbig bebildert
ISBN: 978-3-943883-21-3, **14,99 €**

**Vegan rockt!
Das Kochbuch**

Klappenbroschur, 200 Seiten, Format: 17 x 24 cm, durchgehend farbig bebildert
ISBN: 978-3-943883-55-8, **14,99 €**

Vegan durchs Jahr

Softcover, 144 Seiten, Format: 21 x 21 cm, durchgehend farbig bebildert, ISBN: 978-3-945152-47-8, **ca. 16,99 €**

**Vegan rockt!
Die besten Rezepte aus aller Welt**

Klappenbroschur, ca. 208 Seiten, Format: 17 x 24 cm, durchgehend farbig bebildert, ISBN: 978-3- 945152-48-5, **ca. 14,99 €**
erscheint ca. Oktober 2015

Craft Bier selber brauen – Revolution der Heimbrauer

Klappenbroschur, 160 Seiten, Format: 17 x 24 cm, durchgehend farbig bebildert, ISBN: 978-3-943883-15-2, **16,99 €**

Vitaliano – vegan, italienisch, lecker

Softcover, 136 Seiten, Format 15 x 21 cm, ISBN: 978-3-943883-86-2, **12,99 €**

EDITION LEMPERTZ

Hauptstraße 354, 53639 Königswinter, Tel.: 02223/900036, Fax: 02223/900038
info@edition-lempertz.de, www.edition-lempertz.de